I0090542

LIBRO RECOMENDADO

Jarosław Jankowski

¿Sabes quién eres?
Una guía por los 16 tipos de personalidad ID16™©

¿Por qué somos tan diferentes? ¿Por qué
asimilamos la información de forma distinta,
descansamos de otra manera, tomamos
decisiones de otra forma y organizamos
de manera diferente nuestra vida?

«¿Sabes quién eres?» te permitirá
comprenderte mejor a ti mismo y a los demás.
El test ID16 ™© incluido en el libro te ayudará
a determinar tu tipo de personalidad,
ofreciéndote una valiosa introspección.

Tu tipo de personalidad:

Protector

(ISFJ)

Tu tipo de personalidad:

Protector
(ISFJ)

JAROSŁAW JANKOWSKI

LOGOS
MEDIA

Tu tipo de personalidad: Protector (ISFJ)

Esta publicación puede ayudarte a utilizar mejor tu potencial, a crear relaciones saludables con otras personas y a tomar buenas decisiones en lo relativo a la educación y la carrera profesional. Sin embargo, en ningún caso debería ser tratada como un sustituto de una consulta psicológica o psiquiátrica especializada. El autor y el editor no asumen la responsabilidad por los eventuales daños resultantes de un uso indebido de este libro.

ID16™© es una tipología de la personalidad original. No se la debe confundir con las tipologías y los test de personalidad de otros autores o instituciones.

Título original: Twój typ osobowości: Opiekun (ISFJ)

Traducción del idioma polaco: Ángel López Pombero, Lingua Lab, www.lingualab.pl

Redacción: Xavier Bordas Cornet, Lingua Lab, www.lingualab.pl

Redacción técnica: Zbigniew Szalbot

Editor: LOGOS MEDIA

© Jarosław Jankowski 2018-2023

ISBN (versión impresa): 978-83-7981-215-8
ISBN (EPUB): 978-83-7981-216-5
ISBN (MOBI): 978-83-7981-217-2

Índice

Prólogo

Tu tipo de personalidad: Protector (ISFJ) es un extraordinario compendio de conocimiento acerca del *protector*, uno de los 16 tipos de personalidad ID16™©.

Esta guía es parte de la serie ID16™©, formada por 16 libros dedicados a los diferentes tipos de personalidad. De forma exhaustiva y clara responden a las siguientes preguntas:

- ¿Qué piensan y sienten las personas que pertenecen a un determinado tipo de personalidad? ¿Cómo toman las decisiones? ¿Cómo solucionan los problemas? ¿De qué tienen miedo? ¿Qué les irrita?

- ¿Con qué tipos de personalidad se relacionan y cuáles evitan? ¿Qué tipo de amigos, cónyuges, padres son? ¿Cómo los ven los demás?

- ¿Qué predisposiciones profesionales tienen? ¿En qué entorno trabajan de manera más efectiva? ¿Qué profesiones se corresponden mejor con su tipo de personalidad?

- ¿En qué son buenos y en qué deben mejorar? ¿Cómo deben aprovechar su potencial y evitar las trampas?

- ¿Qué personas conocidas pertenecen a un determinado tipo de personalidad?

- ¿Qué sociedad muestra más rasgos característicos de un determinado tipo?

En este libro también encontrarás la información más importante sobre la tipología ID16™©.

Esperamos que te ayude a conocerte mejor a ti mismo y a los demás.

EDITORES

ID16™© entre las tipologías de personalidad de Jung

ID16™© pertenece a la familia de las denominadas tipologías de personalidad de Jung, que hacen referencia a la teoría de Carl Gustav Jung (1875 – 1961), psiquiatra y psicólogo suizo, uno de los principales representantes de la denominada psicología profunda.

Sobre la base de muchos años de estudio y observación, Jung llegó a la conclusión de que las diferencias en las actitudes y las preferencias de las personas no son casuales. Creó la división, bien conocida hoy en día, entre extrovertidos e introvertidos. Además, distinguió cuatro funciones de la personalidad, que forman dos pares de factores contrarios: percepción – intuición y pensamiento – sentimiento. Estableció también que en cada una de estas parejas domina una de las funciones. Jung llegó a la convicción de que las funciones dominantes de cada persona son permanentes e independientes de las condiciones externas y que su resultante es el tipo de personalidad.

En el año 1938 dos psiquiatras estadounidenses, Horace Gray y Joseph Wheelwright, crearon el primer test de personalidad basado en la teoría de Jung, que permitía determinar las funciones dominantes en las tres dimensiones descritas por él: **extroversión – introversión, percepción – intuición** y **pensamiento – sentimiento**. Este test se convirtió en una inspiración para otros investigadores. En el año 1942, también en suelo americano, Isabel Briggs Myers y Katharine Briggs comenzaron a emplear su propio test de personalidad, ampliando el clásico modelo tridimensional de Gray y Wheelwright con una cuarta dimensión: **juicio – percepción**. La mayoría de las tipologías y test de personalidad posteriores, referidos a la teoría de Jung, también toman en consideración esta cuarta dimensión.

Pertenecen a ellas, entre otros, la tipología americana publicada en el año 1978 por David W. Keirsey, así como el test de personalidad creado en Lituania en los años 70 del siglo XX por Aušra Augustinavičiūtė. En las décadas posteriores, investigadores de diferentes partes del mundo fueron tras sus huellas. Ellos crearon otras tipologías con cuatro dimensiones y varios test de personalidad adaptados a las condiciones y necesidades locales.

A este grupo pertenece la tipología de personalidad independiente ID16™©, desarrollada en Polonia por el pedagogo y mánager Jarosław Jankowski. Esta tipología, publicada en la primera década del siglo XXI, también se basa en la teoría clásica de Carl Jung. Al igual que otras tipologías de Jung contemporáneas, se inscribe en la corriente del análisis tetradimensional de la personalidad. En el marco de ID16™© estas dimensiones se llaman las **cuatro tendencias naturales**. Estas tendencias tienen un carácter dicotómico y su imagen proporciona información sobre el tipo de personalidad de la persona. El análisis de la primera tendencia tiene como objetivo determinar la **fuente de energía vital** dominante (el mundo exterior o el mundo interior). El análisis de la segunda tendencia determina la **forma dominante de asimilación de la información** (a través de los sentidos o a través de la intuición). El análisis de la tercera tendencia determina la **forma de toma de decisiones** dominante (según la razón o el corazón). El análisis de la cuarta tendencia determina, sin embargo, el **estilo de vida** dominante (organizado o espontáneo). La combinación de todas estas tendencias naturales da como resultado **16 posibles tipos de personalidad**.

La característica especial de la tipología ID16™© es su dimensión práctica. Esta describe los diferentes tipos de personalidad según se comportan en la acción: en el trabajo, en la vida diaria y en las relaciones con otras personas. No se concentra en la dinámica interna de la personalidad, ni tampoco intenta aclarar teóricamente procesos interiores e invisibles. Más bien se concentra en cómo un determinado tipo de personalidad se manifiesta al exterior y de qué forma influye sobre el entorno. Este acento en el aspecto social de la personalidad aproxima de cierto modo la tipología ID16™© a la tipología de Aušra Augustinavičiūtė anteriormente mencionada.

Cada uno de los 16 tipos de personalidad ID16™© es la resultante de las tendencias naturales de la persona. La inclusión en un determinado tipo no tiene, sin embargo, características evaluativas. Ningún tipo de personalidad es mejor o peor que los otros. Cada uno de los tipos es simplemente diferente y cada uno tiene sus puntos potencialmente fuertes y débiles. ID16™© permite identificar y describir estas diferencias. Ayuda a comprenderse a uno mismo y a descubrir nuestro lugar en el mundo.

Conocer el perfil propio de personalidad permite a las personas aprovechar en su totalidad su potencial y trabajar en las áreas que pueden causarles problemas. Este conocimiento constituye una ayuda inestimable en la vida diaria, en la solución de problemas, en la creación de relaciones sanas con otras personas y en la toma de decisiones acerca de la educación y la carrera profesional.

La determinación del tipo de personalidad no es un proceso de carácter arbitrario y mecánico. Cada persona, como «propietario y usuario de su personalidad» es plenamente competente para determinar a qué tipo pertenece. Su papel en este proceso es, por lo tanto, crucial. Esta autoidentificación puede realizarse analizando las descripciones de los 16 tipos de personalidad y estrechando gradualmente el campo de elección. Sin embargo, se puede elegir un camino más corto: utilizar el test de personalidad ID16™©. También en este caso, el «usuario de la personalidad» tiene un papel primordial, ya que el resultado del test depende exclusivamente de las respuestas del usuario.

La identificación del tipo de personalidad ayuda a conocerse a uno mismo y a los demás; no obstante, no debería ser tratada como una profecía que predestina el futuro. El tipo de personalidad nunca puede justificar nuestras debilidades o nuestras malas relaciones con otras personas (¡aunque puede ayudar a comprender sus motivos!).

En el marco de ID16™© el tipo de personalidad no es tratado como un estado estático, genéticamente determinado, sino como la resultante de características innatas y adquiridas. Este enfoque no quita importancia al libre albedrío, ni tampoco pretende clasificar a las personas. Abre ante nosotros nuevas perspectivas que nos animan a trabajar sobre nosotros mismos, ya su vez estas perspectivas nos muestran las áreas en las que este trabajo es más necesario.

Protector (ISFJ)

La personalidad a grandes rasgos

Lema vital: *Me importa tu felicidad.*

Sincero, tierno, modesto, digno de confianza y extraordinariamente leal. Pone en primer lugar a los demás: percibe sus necesidades y desea ayudarles. Práctico, bien organizado y responsable. Paciente, trabajador y perseverante: es capaz de llevar los asuntos hasta el final.

Observa y recuerda los detalles. Valora mucho la tranquilidad, la estabilidad y las relaciones amistosas con los demás. Es capaz de tender puentes entre las personas. Soporta mal los conflictos y la crítica. Tiene un fuerte sentido de la responsabilidad y siempre está dispuesto a ayudar. Los demás suelen aprovecharse de él.

Tendencias naturales del *protector*:

- Fuente de energía vital: mundo interior.
- Asimilación de información: sentidos.
- Toma de decisiones: corazón.
- Estilo de vida: organizado.

Tipos de personalidad similares:

- *Artista*
- *Defensor*
- *Presentador*

Datos estadísticos:

- Los *protectores* constituyen el 8-12% de la población.
- Entre los *protectores* predominan claramente las mujeres (70%).
- El país que se corresponde con el perfil de *protector* es Suecia[1].

Código literal:

El código literal universal del *protector* en las tipologías de personalidad de Jung es ISFJ.

Características generales

¡A los *protectores* les gustan las personas! Entre todos los tipos introvertidos, son los más

---

[1] Esto no quiere decir que todos los habitantes de Suecia pertenezcan a este tipo de personalidad, sino que la sociedad sueca, en su conjunto, tiene muchas características del *protector*.

abiertos a los demás. Se interesan por sus experiencias y problemas y son conscientes de sus sentimientos. Durante toda su vida «monitorizan» el entorno buscando personas que necesiten ayuda.

A los ojos de los demás

Son percibidos por otras personas como cordiales, simpáticos y siempre dispuestos a ayudar. Los demás los ven como personas muy amistosas, tranquilas y modestas. A menudo, ponen las necesidades de los demás en primer lugar y el hecho de ayudar es para ellos una necesidad natural. Perciben en las personas su potencial positivo y son capaces de sacar lo mejor de ellas. Su actitud hace que sean generalmente queridos.

Ante otras personas

La compasión por los necesitados — los pobres, los que sufren, los damnificados — es una potente fuerza que les impulsa a actuar. Ofrecen protección de buen grado (de ahí el nombre de este tipo de personalidad) a los que la necesitan, dándoles un apoyo práctico y emocional. Desean proteger a los demás frente al sufrimiento, las decisiones erróneas y las experiencias desagradables. No escatiman tiempo para ayudar a las personas a resolver sus problemas. Su apoyo es, además, muy discreto y delicado. No importunan y no buscan el reconocimiento.

Organización

Los *protectores* son concienzudos, trabajadores y bien organizados. No hacen ruido alrededor de su propia persona y son parcos en palabras. Se fijan en detalles que para otros pasan desapercibidos, es decir, recuerdan datos que escapan a la atención de los demás. Esto también hace referencia a las relaciones interpersonales: suele ocurrir que después de muchos años recuerdan con precisión cosas que alguien había dicho, o bien se acuerdan de un gesto particular o una expresión del rostro de alguien.

Creen sinceramente en las personas y perciben lo mejor de ellas. Valoran una colaboración armoniosa, un ambiente cordial y amistoso, así como la seguridad y la estabilidad. Les importa el bien. Buscan el acuerdo y la unión y evitan los conflictos y las disputas. No les gustan las situaciones imprevisibles ni los cambios repentinos. Les gusta cuando todo ocurre según un plan. Normalmente valoran la tradición y los métodos de actuación comprobados, que han superado la prueba del tiempo. Afrontan las soluciones nuevas con cierta desconfianza. Sin embargo, son propensos a aceptarlas, si ven ventajas evidentes resultantes de su empleo.

No les gusta el despilfarro. Por lo general, son ahorradores, y procuran estar preparados para un futuro incierto, por lo que normalmente ahorran dinero «para tiempos peores».

Pensamientos

En su característica «base de datos» interior recopilan información sobre los acontecimientos que les afectan a ellos mismos y a los demás. Son capaces de relacionar informaciones recientes con experiencias anteriores. Tienen una visión clara de cómo deberían ser el mundo y las relaciones interpersonales. Dicha visión es para ellos un punto de referencia: sus acciones son una realización práctica de su visión.

Por lo general, son prácticos y raramente se preocupan por teorías abstractas. El contacto con opiniones y puntos de vista diferentes a los propios supone para ellos un problema. Les provoca una gran incomodidad y altera su paz interior, por lo que normalmente intentan conciliar las opiniones diferentes o al menos reducir la distancia entre ellas.

Comunicación

Los *protectores* son muy buenos oyentes. Aunque ellos mismos no hablan mucho, son vistos por los demás como unos perfectos interlocutores. Se sienten mejor en ambientes íntimos y les gustan las conversaciones entre dos. Al conversar con una persona pueden concentrarse totalmente en el tema tratado.

Les cuesta criticar abiertamente a otras personas o expresar públicamente su desaprobación. Algunos se sienten ofendidos por el hecho de que no llaman directamente la atención a los demás, sino que los critican a sus espaldas.

Cuando deben tratar alguna cuestión o preparar una presentación, a los *protectores* les gusta tener tiempo para reflexionar y prepararse. Tienen un sentido de continuidad de los procesos, son ordenados y les gusta hacer las cosas en el orden correcto. Normalmente sus discursos son tranquilos, pero son capaces de conmover a los oyentes. Por lo general, les cuesta establecer contacto con las personas que son caóticas, están siempre distraídas, se retrasan o son informales.

Decisiones

Los *protectores* evitan el riesgo y todo aquello que les resulta desconocido y extraño. Toman las decisiones dando pasos pequeños. No soportan las prisas y necesitan tiempo para considerar tranquilamente diferentes opciones. Al reflexionar sobre algo, a menudo consideran diferentes posibilidades y las anotan en un papel para su posterior análisis. Toman las decisiones definitivas a partir de hechos y de experiencias anteriores. Siempre piensan acerca de cómo una determinada decisión influye sobre las demás personas, y tratan de adivinar cómo será recibida por ellas.

Normalmente, tienen un fuerte sentido de la responsabilidad. Cuando se les pide ayuda o un favor, raramente se niegan a hacerlo; por esa razón a menudo los demás se aprovechan de ellos, y por eso los *protectores* suelen estar cargados con un exceso de obligaciones. Por lo general, en estas situaciones ni siquiera protestan ni se quejan, ya que no quieren poner en peligro las relaciones con otras personas.

Estética

Los hogares y los lugares de trabajo de los *protectores* destacan por su orden, pero también por su mobiliario funcional y su decoración elegante. También son muy acogedores: a los demás les encanta pasar el tiempo en estos lugares. Los *protectores* se caracterizan por su excelente imaginación espacial, son capaces de acondicionar los lugares de forma muy funcional y son sensibles a la belleza.

Le dan gran importancia a los aniversarios y los cumpleaños de otras personas. Les muestran simpatía mediante gestos amables y sorpresas. Son capaces de reconocer bien sus pasiones, gustos y necesidades, por esa razón los regalos con los que les obsequian (aunque sean una bagatela) son para ellos una gran alegría. No solo son elegantes, sino que están perfectamente pensados y adaptados a los intereses o aficiones del destinatario.

Descanso

Los *protectores* solo son capaces de descansar cuando saben que han realizado todas sus tareas. Sin embargo, normalmente asumen tantas obligaciones que no les queda demasiado tiempo libre. Además, su concepto del «tiempo libre» es diferente al normalmente aceptado. El «tiempo libre» es para los *protectores* una ocasión para ayudar a los familiares o amigos. Raramente lo aprovechan para su propio disfrute.

Aspecto social de la personalidad

Los lazos que unen a los *protectores* con otras personas tienen un carácter especial y personal. Ven a los demás no solo como compañeros de trabajo, superiores, subordinados, clientes o personas bajo su tutela, sino también como personas que tienen su propio mundo, sus pasiones, sentimientos y emociones. Lo esencial de sus relaciones con los demás es el servicio.

Desean sentirse útiles y necesitan la confirmación de que hacen bien su trabajo y que sus opiniones son compartidas por los demás. Aunque les incomodan los elogios y los honores públicos, lo que les es más difícil de soportar es la indiferencia de los demás. La crítica abierta también les afecta deprimiéndolos. En situaciones de estrés comienzan a idear diferentes escenarios negros. Se imaginan diversos infortunios que pueden ocurrir, pierden la confianza en sus posibilidades y ven el futuro de color negro.

Ayudan de buen grado a los demás, pero cuando ellos mismos tienen problemas no permiten que eso se note, ya que no quieren cargar a los demás con sus preocupaciones. Normalmente tampoco expresan exteriormente su descontento. Tienen tendencia a reprimir en su interior sus emociones. Sin embargo, tras un prolongado periodo de bloqueo pueden llegar, para gran sorpresa del entorno, a una explosión incontrolada.

Entre amigos

Los *protectores* se interesan sinceramente por la vida y los problemas de sus amigos. No tratan la amistad de forma instrumental, por ejemplo, como una forma de autopromoción o una herramienta para forjar su carrera. Los lazos de amistad constituyen un elemento excepcionalmente importante de su mundo. Tratan muy seriamente cualquier obligación y sus amistades normalmente duran toda la vida. Los amigos los valoran porque no se centran en sí mismos, porque perciben las necesidades y problemas de los demás, porque siempre se puede confiar en ellos y porque su interés es auténtico y sincero.

En general, la actitud positiva hacia los demás de los *protectores* y su habilidad para percibir los valores en cada persona hacen que se sientan a gusto entre personas, representantes de todos los tipos de personalidad. Sin embargo, entablan amistad más frecuentemente con *artistas*, *defensores*, *mentores* y otros *protectores*. Más raramente, con *innovadores*, *lógicos* y *directores*.

Tras periodos de una actividad intensificada o tras permanecer mucho tiempo en un grupo, necesitan recogimiento, soledad, tiempo para reunir ideas y recuperar energías. Sin embargo, esto no significa en absoluto que tengan aversión hacia la gente.

En el matrimonio

La familia es para los *protectores* el punto central de su mundo. Suelen apreciar los valores tradicionales y son muy entregados a sus familiares. Se preocupan por sus condiciones de vida, su seguridad y su buen estado de ánimo. Se esfuerzan también para tener unas relaciones buenas y sanas y son capaces de dedicarles mucha energía. Sus sentimientos son muy intensos, a pesar de que no siempre puedan verse «a simple vista». Tampoco los expresan mediante palabras, sino mediante acciones concretas y gestos amables y tiernos. Ellos mismos también valoran todas las muestras de afecto, cariño y agradecimiento de sus parejas. Son unas parejas muy fieles y extraordinariamente leales, y sus relaciones duran normalmente toda la vida. Tratan sus responsabilidades de forma muy seria.

Las relaciones con su marido / esposa son para ellos la mayor prioridad. Les es difícil romper una relación (incluso una mala, dañina y tóxica) o resignarse a que la pareja se vaya. En tales situaciones, se suelen culpar a ellos mismos, buscando sus errores y faltas. Por lo general, son altruistas y están concentrados en las necesidades de los demás, por lo que a menudo la gente se aprovecha de ellos y — aún más — aceptan este estado de las cosas. Se desenvuelven mal en situaciones de conflicto. También evitan tocar temas sensibles. Prefieren callar sus problemas, sufrirlos con paciencia o aparentar que no existen.

Los candidatos naturales a maridos/esposas de los *protectores* son personas de tipos de personalidad afines: *artistas*, *defensores* o *presentadores*. En estos matrimonios es más fácil crear una comprensión mutua y unas relaciones armoniosas. Sin embargo, la experiencia muestra que las personas también pueden crear relaciones exitosas y felices, a pesar de una evidente disconformidad tipológica. Aún más, ciertas diferencias entre los cónyuges pueden aportar dinámica a estas relaciones y ayudar al desarrollo personal.

Como padres

Los *protectores* son unos padres extraordinariamente responsables. Se preocupan por las necesidades de sus hijos y tratan con seriedad sus obligaciones como padres. Creen que debe enseñarse a los hijos a comportarse adecuadamente y ser responsables desde los primeros años. Desean educarlos como personas independientes pero responsables.

Son unos padres firmes, pero al mismo tiempo muy entregados. Suelen implantar en casa unas normas claras, gracias a las cuales los hijos saben cómo comportarse y se sienten seguros. Sin embargo, a veces ellos mismos tienen problemas para ejecutar las normas establecidas y disciplinar a sus hijos. Antes de castigar a sus hijos por su mal comportamiento, a menudo necesitan convencerse ellos mismos primero de que será bueno para ellos.

Los hijos de los *protectores* abusan a menudo de su entrega sacrificada, suponiendo de antemano que su progenitor hará cualquier cosa por ellos. Cuando los hijos adultos de los *protectores* tienen problemas, estos tienen tendencia a sentirse culpables de ello. Sin embargo, normalmente es una idea errónea, ya que los *protectores* son unos padres excelentes, que garantizan a sus hijos una infancia segura y un hogar estupendo y cálido. Pasados los años, los hijos los valoran por su sacrificio, cuidados y solicitud, y por haberles inculcado unos principios sanos y un sentido de la responsabilidad.

Trabajo y carrera profesional

Los *protectores* son muy persistentes, y están siempre dispuestos a sacrificarse y a renunciar a sus propios placeres. Se sienten a gusto en trabajos cuya esencia sea «ayudar a los demás», o bien apoyar a los que no pueden hacer las cosas por sí mismos. Les gusta asumir tareas con las que puedan contribuir a solucionar los problemas de la gente. Cuando trabajan en los negocios aconsejan de buen grado a los demás y les ayudan a elegir los mejores productos/servicios. Cuando trabajan en instituciones sociales, cuidan abnegadamente de aquellos que necesitan ayuda.

Entorno

Cuando trabajan en alguna tarea, necesitan momentos de soledad y silencio para — lejos del bullicio y de otras personas — prepararse y considerar bien sus acciones. Si ven tal necesidad, sin embargo, se implican de buen grado en el trabajo en equipo. De todas formas, se sienten mejor en grupos pequeños, formados por varias personas. Allí aportan un ambiente amigable y cálido, y son un apoyo para las demás personas. A menudo, ayudan al equipo a lograr el consenso.

Prefieren las reuniones regulares y bien preparadas, cuya fecha y programa sean conocidos con antelación. No les gustan las sorpresas, la improvisación ni tener que tratar los problemas sin posibilidad de pensar previamente en el asunto en cuestión. Para ellos, es importante la conciencia de pertenecer a un grupo mayor o una comunidad con la que puedan identificarse. Son partidarios de trabajar en empresas con una estructura establecida, cuya organización ayude a rebajar las tensiones entre el personal.

Tareas

Suelen llevar los asuntos hasta el final. Un trabajo bien hecho constituye para ellos una enorme satisfacción. Son meticulosos, escrupulosos y capaces de concentrarse en los detalles. No les aburren las acciones rutinarias. Su seriedad, actitud amistosa hacia otras personas y sus ganas de brindar ayuda hacen que sean unos trabajadores reconocidos. Se encuentran a gusto trabajando con asuntos que conocen bien, en los que tienen experiencia. Al asumir tareas nuevas, necesitan más tiempo que otros para habituarse a ellas, aunque después las realizan con más esmero que los demás. Prefieren tareas con unos objetivos claramente establecidos.

Son unos trabajadores excepcionalmente leales y son capaces de implicarse totalmente en la realización de los objetivos de la empresa. No pueden entender a los trabajadores que desatienden conscientemente sus obligaciones.

Preferencias

Las instrucciones, normas y reglamentos son para ellos un punto de referencia. Quieren saber qué deben hacer y cómo hacerlo. Son capaces de adaptarse totalmente a las instrucciones e indicaciones existentes. Les va peor cuando ellos mismos deben idear algo nuevo o «adentrarse en lo desconocido». La falta de unas instrucciones concretas o experiencias del pasado en las que apoyarse hace que se sientan confusos y perdidos. También se sienten mal en situaciones que requieran tomar decisiones de forma rápida o improvisar. Asimismo, soportan muy mal los cambios organizativos, los nuevos procedimientos y las transformaciones. Prefieren un entorno estable en el que pocas cosas cambien.

Superiores

Valoran a los superiores bien organizados, que valoran la entrega y el sacrificio de sus subordinados y que prestan a los trabajadores la ayuda necesaria. Les transmiten indicaciones claras, objetivos concretos y principios comprensibles, vigentes para todos los trabajadores.

Les gusta poder influenciar sobre el desarrollo de los asuntos y tomar decisiones, aunque son reacios a convertirse en líderes. Prefieren actuar en un segundo plano, ayudando a los dirigentes. De esta forma evitan la necesidad de disciplinar a las personas, llamarles la atención, solucionar conflictos y poner en la práctica decisiones que puedan ser impopulares.

Aquellos que, a pesar de todo, se convierten en líderes introducen unos estándares de trabajo muy elevados y se preocupan por la alta efectividad en su ejecución. No toleran las muestras de despilfarro. Marcan a sus subordinados objetivos claros y concretos y les apoyan en todo momento en su realización. Sin embargo, las «conversaciones desagradables» con el personal a menudo les agotan, y ellos se agobian más que los propios subordinados. También tienen problemas a la hora de dar órdenes (se sienten incómodos al mandar a otros hacer algo) y delegar obligaciones (a menudo ellos mismos realizan tareas que deberían ser delegadas a los subordinados). Esto los lleva a un estado de fatiga, mientras que priva a los subordinados de la posibilidad de aprender y perfeccionar sus habilidades.

Profesiones

El conocimiento del perfil de personalidad propio y de las preferencias naturales es una ayuda inestimable a la hora de elegir la carrera profesional más conveniente. La experiencia muestra que los *protectores* pueden trabajar con éxito y sentirse realizados en diferentes campos, aunque su tipo de personalidad los predispone de forma natural para profesiones tales como:

- actor,
- administrador,
- agente de seguros,
- agente inmobiliario,
- agricultor,
- asistente social,
- bibliotecario,
- consejero,
- contable,
- decorador de interiores,
- director de oficina,
- diseñador,
- empresario,
- entrenador,

- especialista en relaciones laborales,
- fisioterapeuta,
- jardinero,
- mánager,
- médico,
- músico,
- profesor,
- psicólogo,
- sacerdote o religioso,
- sanitario,
- técnico médico,
- terapeuta,
- trabajador de la construcción,
- tutor,
- vendedor,
- veterinario.

Potenciales puntos fuertes y débiles

Los *protectores*, al igual que otros tipos de personalidad, tienen potenciales puntos fuertes y débiles. Este potencial puede ser gestionado de diferentes formas. La felicidad personal y la realización profesional de los *protectores* dependen de si aprovechan las oportunidades relacionadas con su tipo de personalidad y de si hacen frente a las amenazas que les acechan. He aquí un RESUMEN de estas oportunidades y amenazas:

Puntos fuertes potenciales

Los *protectores* son muy responsables y tratan con seriedad sus obligaciones. Se caracterizan por su laboriosidad, su disposición para el sacrificio y su paciencia. No escatiman tiempo ni energías en el cumplimiento de sus tareas. Suelen llevar los asuntos hasta el final, sin dejarse desanimar por las dificultades y contrariedades. Son abiertos a la gente y se interesan sinceramente por ellos. Perciben sus sentimientos, pasiones y emociones. Son amistosos, discretos, leales, altruistas y están orientados a las necesidades de los demás (las ponen en primer lugar).

También son unos excelentes oyentes: los demás se sienten muy a gusto en su compañía. Son capaces de prestar un apoyo práctico y emocional a los que necesitan ayuda o se encuentran en una situación crítica. Son personas de consenso: crean un ambiente sano y constructivo, y siempre tratan de tender puentes entre las personas, y ofrecerles ayuda para lograr un compromiso.

Tienen una excelente imaginación espacial y un gran sentido práctico. Son muy ordenados y no les aburren las acciones rutinarias. Saben aplicar procedimientos complejos y son capaces de gestionar con eficiencia los recursos. Tienen habilidades organizativas naturales, «cabeza para los detalles» y una muy buena memoria para los datos: recuerdan aspectos que escapan a la atención de los demás.

Puntos débiles potenciales

Su natural disposición para estar al servicio de los demás y su poca asertividad hacen que no siempre sean capaces de prestar atención a sus propias necesidades y defender sus propios intereses. A menudo, no pueden verbalizar sus propias expectativas o expresar sus opiniones (en particular las críticas). A menudo se dejan engañar, son susceptibles a la manipulación y a ser utilizados por los demás. Tienen tendencia a silenciar los temas sensibles y a evitar las conversaciones difíciles (aunque necesarias). No son capaces de poner fin a relaciones tóxicas y dañinas y no resisten la crítica ni las situaciones de crisis.

No les va bien en áreas de actividad que son totalmente nuevas para ellos. Son poco flexibles: en situaciones que requieren decisiones rápidas e improvisación se sienten confusos y perdidos. Tienen problemas a la hora de delegar obligaciones y tienden a hacer por los demás lo que ellos mismos deberían hacer. Son personas que experimentan fuertes sentimientos, pero tienen dificultades para expresarlos. A veces el hecho de «reprimir en su interior» los sentimientos negativos les lleva a explosiones incontroladas y destructivas.

Los *protectores* tienen a menudo problemas para ver la realidad desde una perspectiva amplia y para comprender los puntos de vista y las opiniones que no son conformes con los suyos. El mero contacto con ellos les provoca una gran incomodidad. También tienen tendencia a negar y rechazar prematuramente todo lo que sea contrario a sus convicciones, y suelen ver sus propias ideas como las únicas razonables. A menudo, reciben la crítica acerca de sus opiniones o acciones como una derrota personal, como una señal que les dice que han decepcionado a otras personas.

Desarrollo personal

El desarrollo personal de los *protectores* depende del grado en que utilizan su potencial natural y se sobreponen a los riesgos relacionados con su tipo de personalidad. Los siguientes consejos prácticos constituyen un decálogo característico del *protector*.

No temas las ideas y opiniones de otras personas

Una actitud abierta a los puntos de vista de los demás no tiene por qué significar abandonar los propios. No temas las ideas y opiniones que son diferentes a las tuyas. Antes de rechazarlas, piensa bien en ellas e intenta comprenderlas.

Mira los problemas desde una perspectiva más amplia

Intenta percibir un contexto más amplio, procura mirar los problemas desde otro ángulo, a través de los ojos de otras personas. Busca las opiniones de los demás, considera diferentes puntos de vista. Ten en cuenta diferentes aspectos del asunto.

Aprende a decir «no»

Cuando no estés de acuerdo con algo, no tengas miedo a decirlo. Cuando no puedas aceptar otra tarea, simplemente recházala. Aprende a decir «no», en especial cuando sientas que alguien está abusando de tu ayuda, o pretende que hagas las cosas por él.

No tengas miedo a las nuevas experiencias

Cada semana o cada mes prueba algo nuevo. Visita lugares en los que todavía no has estado, habla con gente que todavía no conoces, encárgate de tareas que no hayas realizado antes. Esto te proporcionará muchas ideas valiosas y hará que percibas el mundo desde una perspectiva más amplia.

No temas los conflictos

Incluso en el círculo de las personas más próximas a veces se producen conflictos. Sin embargo, no deben ser necesariamente destructivos: ¡suelen ayudar a identificar y solucionar problemas! En las situaciones de conflicto, no escondas la cabeza bajo la arena, sino que expresa abiertamente tu punto de vista y tus impresiones relacionadas con una determinada situación.

Deja algunos asuntos a su curso natural

No puedes tenerlo todo controlado. No eres capaz de dominar cada asunto. Así que deja los menos importantes a su curso natural. Ahorrarás mucha energía y evitarás la frustración.

No hagas por los demás lo que ellos mismos deberían hacer

Quieres ayudar a las personas, pero si lo haces todo por ellos nunca aprenderán cosas nuevas, mientras que tú siempre estarás sobrecargado. Al ayudar a los demás, permíteles asumir la responsabilidad por su propia vida, cometer errores y sacar de ellos conclusiones para el futuro.

Acepta la ayuda de otras personas

Supones que tú deberías ayudar a las personas y normalmente ellos buscan apoyo en ti. Sin embargo, cuando tengas un problema ¡no dudes en pedir ayuda a los demás y aprovéchala!

No tengas miedo a las críticas

No temas expresar tus opiniones críticas ni aceptar las críticas de otros. La crítica puede ser constructiva y no tiene por qué significar un ataque a las personas o un socavamiento de sus valores.

Sé mejor contigo mismo

Trata de ayudarte a ti mismo de la misma forma en la que te preocupas por la felicidad y el buen estado de ánimo de otras personas. Sé más indulgente contigo mismo. A veces, intenta distanciarte de las obligaciones y hacer algo por puro placer, para descansar o divertirte, etc.…

Personas conocidas

La lista de personas conocidas que se corresponden con el perfil de *protector* incluye, entre otros, los siguientes nombres:

- **Alfred Tennyson** (1809 - 1892), uno de los más reconocidos poetas ingleses (entre otras obras, *La dama de Shalott*);

- **Charles Dickens**, realmente Charles John Huffam Dickens (1812 - 1870), novelista inglés, uno de los más destacados autores de novela social-costumbrista (entre otras obras, *Oliver Twist*);

- **Louisa May Alcott** (1832 - 1888), escritora estadounidense y pionera de la literatura femenina; enfermera voluntaria durante la guerra civil;

- **Madre Teresa de Calcuta**, realmente Agnes Gonxha Bojaxhiu (1910 - 1997), monja que desarrolló en la India una actividad humanitaria, ganadora del Premio Nobel de la paz;

- **William Shatner** (n. 1931), actor canadiense (entre otras películas, *Star Trek*);

- **Connie Sellecca** (n. 1955), actriz de cine y televisión estadounidense (entre otras películas, *The Wild Stallion*);
- **Diana, princesa de Gales**, realmente Lady Diana Frances Spencer (1961 - 1997), primera mujer de Carlos, príncipe de Gales, y madre de sus dos hijos; implicada en la actividad caritativa;
- **Michael Jordan** (n. 1963), jugador de baloncesto estadounidense, considerado el mejor jugador de todos los tiempos;
- **Kiefer Sutherland** (n. 1966), actor estadounidense (entre otras películas, *Algunos hombres buenos*) y director;
- **Rose Arianna McGowan** (n. 1973), actriz estadounidense (entre otras series, *Embrujadas*);
- **Victoria Davey «Tori» Spelling** (n. 1973), actriz estadounidense (entre otras series, *Beverly Hills 90201*);
- **Sarah Polley** (n. 1979), actriz canadiense (*La vida secreta de las palabras*), directora y guionista.

16 tipos de personalidad de forma breve

Administrador (ESTJ)

Lema vital: *¡Hagamos esa tarea!*

Trabajador, responsable y extraordinariamente leal. Enérgico y decidido. Valora el orden, la estabilidad, la seguridad y las reglas claras. Objetivo y concreto. Lógico, racional y práctico. Es capaz de asimilar una gran cantidad de información detallada.

Organizador perfecto. No tolera la ineficiencia, el despilfarro ni la pereza. Fiel a sus convicciones y directo en los contactos. Presenta sus puntos de vista de forma decidida y expresa abiertamente opiniones críticas, por lo que en ocasiones hiere inconscientemente a otras personas.

Tendencias naturales del *administrador*:

- Fuente de energía vital: mundo exterior.
- Asimilación de información: sentidos.
- Toma de decisiones: razón.
- Estilo de vida: organizado.

Tipos de personalidad similares:

- *Animador*
- *Inspector*
- *Pragmático*

Datos estadísticos:

- Los *administradores* constituyen el 10-13% de la sociedad.
- Entre los *administradores* predominan los hombres (60%).
- Un país que se corresponde con el perfil del *administrador* son los Estados Unidos[2].

Código literal:

El código literal universal del *administrador* en las tipologías de personalidad de Jung es ESTJ.

---

[2] Esto no quiere decir que todos los habitantes de los EE. UU. pertenezcan a este tipo de personalidad, sino que la sociedad estadounidense, en su conjunto, tiene muchas características del *administrador*.

Más:

Jarosław Jankowski
Tu tipo de personalidad: Administrador (ESTJ)

Animador (ESTP)

Lema vital: *¡Hagamos algo!*

Enérgico, activo y emprendedor. Le gusta la compañía de otros y sabe pasárselo bien y disfrutar del momento presente. Es espontáneo, flexible y suele estar abierto a los cambios.

Es entusiasta inspirador e iniciador, suele motivar a los demás a actuar. Lógico, racional y extraordinariamente pragmático. Realista. Le aburren las ideas abstractas y las reflexiones sobre el futuro. Procura solucionar los problemas concretos e inmediatos que se le presentan, pero a menudo también tiene dificultades con la organización y la planificación. Suele ser impulsivo. Suele ocurrir que primero actúa y luego piensa.

Tendencias naturales del *animador*:

- Fuente de energía vital: mundo exterior.
- Asimilación de información: sentidos.
- Toma de decisiones: razón.
- Estilo de vida: espontáneo.

Tipos de personalidad similares:

- *Administrador*
- *Pragmático*
- *Inspector*

Datos estadísticos:

- Los *animadores* constituyen el 6-10% de la sociedad.
- Entre los *animadores* predominan los hombres (60%).
- El país que se corresponde con el perfil de *animador* es Australia.

Código literal:

El código literal universal del *animador* en las tipologías de personalidad de Jung es ESTP.

Más:

Jarosław Jankowski
Tu tipo de personalidad: Animador (ESTP)

Artista (ISFP)

Lema vital: *¡Creemos algo!*

Sensible, creativo y original. Tiene un gran sentido de la estética y capacidades artísticas naturales. Independiente, se guía por su propia escala de valores y no cede ante la presión. Optimista y con una actitud positiva hacia la vida; es capaz de disfrutar del momento.

Disfruta ayudando a los demás. Le aburren las teorías abstractas; prefiere crear la realidad que hablar de ella. Sin embargo, le resulta más fácil empezar cosas nuevas que acabar las empezadas antes. Suele tener dificultades para expresar sus propios deseos y necesidades.

Tendencias naturales del *artista*:

- Fuente de energía vital: mundo interior.
- Asimilación de información: sentidos.
- Toma de decisiones: corazón.
- Estilo de vida: espontáneo.

Tipos de personalidad similares:

- *Protector*
- *Presentador*
- *Defensor*

Datos estadísticos:

- Los *artistas* constituyen el 6-9% de la población.
- Entre los *artistas* predominan las mujeres (60%).
- El país que se corresponde con el perfil de *artista* es China.

Código literal:

El código literal universal del *artista* en las tipologías de personalidad de Jung es ISFP.

Más:

Jarosław Jankowski
Tu tipo de personalidad: Artista (ISFP)

Consejero (ENFJ)

Lema vital: *Mis amigos son mi mundo.*

Optimista, entusiasta y gracioso. Amable, sabe actuar con tacto. Tiene el extraordinario don de la empatía y disfruta actuando de forma desinteresada a favor de los demás. Es capaz de influir en sus vidas: inspira, descubre en ellos el potencial oculto que tienen y suscita confianza en sus propias fuerzas. Irradia ternura y atrae a las demás personas. A menudo las ayuda a resolver sus problemas personales.

Suele ser crédulo, aunque un poco ingenuo, y tiene tendencia a ver el mundo de color de rosa. Concentrado en los demás, a menudo se olvida de sus propias necesidades.

Tendencias naturales del *consejero*:

- Fuente de energía vital: mundo exterior.
- Asimilación de información: intuición.
- Toma de decisiones: corazón.
- Estilo de vida: organizado.

Tipos de personalidad similares:

- *Entusiasta*
- *Mentor*
- *Idealista*

Datos estadísticos:

- Los *consejeros* constituyen el 3-5% de la población.
- Entre los *consejeros* predominan claramente las mujeres (80%).
- El país que se corresponde con el perfil de *consejero* es Francia.

Código literal:

El código literal universal del *consejero* en las tipologías de personalidad de Jung es ENFJ.

Más:

Jarosław Jankowski
Tu tipo de personalidad: Consejero (ENFJ)

Defensor (ESFJ)

Lema vital: *¿Cómo puedo ayudarte?*

Entusiasta, enérgico y bien organizado. Práctico, responsable, concienzudo. Cordial y extraordinariamente sociable.

Percibe los sentimientos humanos, las emociones y necesidades. Valora la armonía. Soporta mal la crítica y los conflictos. Es sensible a todas las manifestaciones de injusticia y protesta cuando ve que lastiman a otras personas. Se interesa sinceramente por los problemas de los demás y siente una verdadera alegría al ayudarlos. Al velar por sus necesidades a menudo desatiende las suyas propias. Tiene tendencia a hacer por los demás cosas que ellos mismos deberían hacer. Suele ser susceptible a la manipulación.

Tendencias naturales del *defensor*:

- Fuente de energía vital: mundo exterior.
- Asimilación de información: sentidos.
- Toma de decisiones: corazón.
- Estilo de vida: organizado.

Tipos de personalidad similares:

- Presentador
- Protector
- Artista

Datos estadísticos:

- Los *defensores* constituyen el 10-13% de la población.
- Entre los *defensores* predominan claramente las mujeres (70%).
- El país que se corresponde con el perfil de *defensor* es Canadá.

Código literal:

El código literal universal del *defensor* en las tipologías de personalidad de Jung es ESFJ.

Más:

Jarosław Jankowski
Tu tipo de personalidad: Defensor (ESFJ)

Director (ENTJ)

Lema vital: *Os diré lo que hay que hacer.*

Independiente, activo y decidido. Racional, lógico y creativo. Percibe un contexto más amplio de los problemas analizados y es capaz de prever las futuras consecuencias de las acciones humanas. Se caracteriza por el optimismo y un sensato sentido de su propio valor. Es capaz de transformar conceptos teóricos en planes de actuación concretos y prácticos.

Visionario, mentor y organizador. Tiene unas capacidades de liderazgo innatas. Su fuerte personalidad, su criticismo y su estilo directo a menudo intimidan a los demás y provocan problemas en sus relaciones interpersonales.

Tendencias naturales del *director*:

- Fuente de energía vital: mundo exterior.
- Asimilación de información: intuición.
- Toma de decisiones: razón.
- Estilo de vida: organizado.

Tipos de personalidad similares:

- *Innovador*
- *Estratega*
- *Lógico*

Datos estadísticos:

- Los *directores* constituyen el 2-5% de la población.

- Entre los *directores* predominan claramente los hombres (70%).
- El país que se corresponde con el perfil de *director* es Holanda.

Código literal:

El código literal universal del *director* en las tipologías de personalidad de Jung es ENTJ.

Más:

Jarosław Jankowski
Tu tipo de personalidad: Director (ENTJ)

Entusiasta (ENFP)

Lema vital: *¡Podemos hacerlo!*

Enérgico, entusiasta y optimista. Es capaz de disfrutar de la vida y piensa a largo plazo. Dinámico, ingenioso y creativo. Le gustan las personas y aprecia las relaciones sinceras y auténticas. Cálido, cordial y emocional. Soporta mal la crítica. Tiene el don de la empatía y percibe las necesidades, los sentimientos y los motivos de los demás. Los inspira y los contagia con su entusiasmo.

Le gusta estar en el centro de los acontecimientos. Es flexible y capaz de improvisar. Es propenso a tener ocurrencias idealistas. Se distrae con facilidad y tiene problemas para llevar los asuntos hasta el final.

Tendencias naturales del *entusiasta*:

- Fuente de energía vital: mundo exterior.
- Asimilación de información: intuición.
- Toma de decisiones: corazón.
- Estilo de vida: espontáneo.

Tipos de personalidad similares:

- *Consejero*
- *Idealista*
- *Mentor*

Datos estadísticos:

- Los *entusiastas* constituyen el 5-8% de la población.
- Entre los *entusiastas* predominan las mujeres (60%).
- El país que se corresponde con el perfil de *entusiasta* es Italia.

Código literal:

El código literal universal del *entusiasta* en las tipologías de personalidad de Jung es ENFP.

Más:

Jarosław Jankowski
Tu tipo de personalidad: Entusiasta (ENFP)

Estratega (INTJ)

Lema vital: *Esto puede perfeccionarse.*

Independiente, marcado individualismo, con una enorme cantidad de energía interna. Creativo e ingenioso. Visto por los demás como competente y seguro de sí mismo y, a la vez, como distante y enigmático. Mira cada asunto desde una perspectiva amplia. Desea perfeccionar y ordenar el mundo que le rodea.

Bien organizado, responsable, crítico y exigente. Es difícil sacarlo de sus casillas, pero también es difícil satisfacerlo totalmente. Por lo general, tiene problemas para interpretar los sentimientos y emociones de otras personas.

Tendencias naturales del *estratega*:

- Fuente de energía vital: mundo interior.
- Asimilación de información: intuición.
- Toma de decisiones: razón.
- Estilo de vida: organizado.

Tipos de personalidad similares:

- *Lógico*
- *Director*
- *Innovador*

Datos estadísticos:

- Los *estrategas* constituyen el 1-2% de la población.

- Entre los *estrategas* predominan claramente los hombres (80%).
- El país que se corresponde con el perfil de *estratega* es Finlandia.

Código literal:

El código literal universal del *estratega* en las tipologías de personalidad de Jung es INTJ.

Más:

Jarosław Jankowski
Tu tipo de personalidad: Estratega (INTJ)

Idealista (INFP)

Lema vital: *Se puede vivir de otra manera.*

Sensible, leal, creativo. Desea vivir según los valores que profesa. Muestra interés por la realidad espiritual y ahonda en los secretos de la vida. Suele conmoverse por los problemas del mundo y está abierto a las necesidades de otras personas. Valora la armonía y el equilibrio.

Romántico: es capaz de demostrar amor, pero él mismo también necesita cariño y afecto. Interpreta perfectamente los motivos y sentimientos de otras personas. Crea relaciones sanas, profundas y duraderas. En situaciones de conflicto lo pasa mal, no sabe qué hacer. No resiste el estrés y la crítica.

Tendencias naturales del *idealista*:

- Fuente de energía vital: mundo interior.
- Asimilación de información: intuición.
- Toma de decisiones: corazón.
- Estilo de vida: espontáneo.

Tipos de personalidad similares:

- *Mentor*
- *Entusiasta*
- *Consejero*

Datos estadísticos:

- Los *idealistas* constituyen el 1-4% de la población.
- Entre los *idealistas* predominan las mujeres (60%).
- El país que se corresponde con el perfil de *idealista* es Tailandia.

Código literal:

El código literal universal del *idealista* en las tipologías de personalidad de Jung es INFP.

Más:

Jarosław Jankowski
Tu tipo de personalidad: Idealista (INFP)

Innovador (ENTP)

Lema vital: *Y si probamos a hacerlo de otra forma...*

Ingenioso, original e independiente. Optimista. Enérgico y emprendedor. Persona de acción: le gusta estar en el centro de los acontecimientos y resolver «problemas irresolubles». Tiene curiosidad por el mundo, y es propenso al riesgo y suele ser impaciente. Visionario, abierto a nuevas ideas y ocurrencias. Le gustan las nuevas experiencias y los experimentos. Percibe las relaciones entre acontecimientos concretos y piensa a largo plazo.

Espontáneo, comunicativo y seguro de sí mismo. Propenso a sobrevalorar sus propias posibilidades. Tiene problemas para llevar los asuntos hasta el final.

Tendencias naturales del *innovador*:

- Fuente de energía vital: mundo exterior.
- Asimilación de información: intuición.
- Toma de decisiones: razón.
- Estilo de vida: espontáneo.

Tipos de personalidad similares:

- *Director*
- *Lógico*
- *Estratega*

Datos estadísticos:

- Los *innovadores* constituyen el 3-5% de la población.
- Entre los *innovadores* predominan claramente los hombres (70%).
- El país que se corresponde con el perfil de *innovador* es Israel.

Código literal:

El código literal universal del *innovador* en las tipologías de personalidad de Jung es ENTP.

Más:

Jarosław Jankowski
Tu tipo de personalidad: Innovador (ENTP)

Inspector (ISTJ)

Lema vital: *Primero las obligaciones.*

Una persona con la que siempre se puede contar. Educado, puntual, cumplidor, concienzudo, responsable: «persona de confianza». Analítico, metódico, sistemático y lógico. Los otros lo ven como reservado, frío y serio. Aprecia la tranquilidad, la estabilidad y el orden. No le gustan los cambios. En cambio, le gustan los principios claros y las reglas concretas.

Trabajador y perseverante, es capaz de llevar los asuntos hasta el final. Perfeccionista. Quiere controlarlo todo. Parco en elogios. No aprecia el valor de los sentimientos y las emociones de otras personas.

Tendencias naturales del *inspector*:

- Fuente de energía vital: mundo interior.
- Asimilación de información: sentidos.
- Toma de decisiones: razón.
- Estilo de vida: organizado.

Tipos de personalidad similares:

- *Pragmático*
- *Administrador*
- *Animador*

Datos estadísticos:

- Los *inspectores* constituyen el 6-10% de la población.
- Entre los *inspectores* predominan los hombres (60%).
- El país que se corresponde con el perfil de *inspector* es Suiza.

Código literal:

El código literal universal del *inspector* en las tipologías de personalidad de Jung es ISTJ.

Más:

Jarosław Jankowski
Tu tipo de personalidad: Inspector (ISTJ)

Lógico (INTP)

Lema vital: *Lo más importante es conocer la verdad acerca del mundo.*

Original, ingenioso y creativo. Le gusta resolver problemas de índole teórica. Analítico, brillante y con una actitud entusiasta hacia las nuevas ideas. Es capaz de relacionar fenómenos concretos y deducir de ellos principios generales y teorías. Lógico, preciso e indagador. Percibe rápidamente los síntomas de incoherencia e inconsecuencia.

Independiente y escéptico ante las soluciones y autoridades establecidas. Tolerante y abierto a los nuevos retos. Se suele quedar absorto en sus reflexiones, a veces pierde el contacto con el mundo exterior.

Tendencias naturales del *lógico*:

- Fuente de energía vital: mundo interior.
- Asimilación de información: intuición.
- Toma de decisiones: razón.
- Estilo de vida: espontáneo.

Tipos de personalidad similares:

- *Estratega*
- *Innovador*
- *Director*

Datos estadísticos:

- Los *lógicos* constituyen el 2-3% de la población.
- Entre los *lógicos* predominan claramente los hombres (80%).
- El país que se corresponde con el perfil de *lógico* es la India.

Código literal:

El código literal universal del *lógico* en las tipologías de personalidad de Jung es INTP.

Más:

Jarosław Jankowski
Tu tipo de personalidad: Lógico (INTP)

Mentor (INFJ)

Lema vital: *¡El mundo puede ser mejor!*

Creativo, sensible, adelantado a su tiempo, capaz de ver las posibilidades que los demás no ven. Idealista y visionario orientado a la ayuda a las personas. Concienzudo, responsable y al mismo tiempo amable, solícito y amistoso. Se esfuerza por entender los mecanismos que rigen el mundo y trata de ver los problemas desde una perspectiva más amplia.

Excelente oyente y observador. Se caracteriza por una extraordinaria empatía, por su intuición y la confianza en las personas. Es capaz de interpretar los sentimientos y las emociones.

Soporta mal la crítica y las situaciones de conflicto. Puede parecer enigmático.

Tendencias naturales del *mentor*:

- Fuente de energía vital: mundo interior.
- Asimilación de información: intuición.
- Toma de decisiones: corazón.
- Estilo de vida: organizado.

Tipos de personalidad similares:

- *Idealista*
- *Consejero*
- *Entusiasta*

Datos estadísticos:

- Los *mentores* constituyen aproximadamente el 1% de la población y son el tipo de personalidad menos frecuente.
- Entre los *mentores* predominan claramente las mujeres (80%).
- El país que se corresponde con el perfil de *mentor* es Noruega.

Código literal:

El código literal universal del *mentor* en las tipologías de personalidad de Jung es INFJ.

Más:

Jarosław Jankowski
Tu tipo de personalidad: Mentor (INFJ)

Pragmático (ISTP)

Lema vital: *Los actos son más importantes que las palabras.*

Optimista, espontáneo y con una actitud positiva hacia la vida. Comedido e independiente. Fiel a sus propias convicciones y escéptico ante las normas y principios externos. Le aburren las teorías y las reflexiones sobre el futuro.

Prefiere actuar y solucionar problemas concretos y tangibles.

Se adapta bien a los nuevos lugares y situaciones. Le gustan los nuevos retos y el riesgo. Es capaz de mantener la sangre fría ante las amenazas y los peligros. Su taciturnidad y su extrema sobriedad a la hora de expresar opiniones hace que suela ser indescifrable para los demás.

Tendencias naturales del *pragmático*:

- Fuente de energía vital: mundo interior.
- Asimilación de información: sentidos.
- Toma de decisiones: razón.
- Estilo de vida: espontáneo.

Tipos de personalidad similares:

- *Inspector*
- *Animador*
- *Administrador*

Datos estadísticos:

- Los *pragmáticos* constituyen el 6-9% de la población.
- Entre los *pragmáticos* predominan los hombres (60%).
- El país que se corresponde con el perfil de *pragmático* es Singapur.

Código literal:

El código literal universal del *pragmático* en las tipologías de personalidad de Jung es ISTP.

Más:

Jarosław Jankowski
Tu tipo de personalidad: Pragmático (ISTP)

Presentador (ESFP)

Lema vital: *¡Hoy es el momento perfecto!*

Optimista, enérgico y abierto a las personas. Es capaz de disfrutar de la vida y pasarlo bien. Práctico y al mismo tiempo flexible y espontáneo. Le gustan los cambios y las nuevas experiencias. Soporta mal la soledad, el estancamiento y la rutina. Se siente bien estando en el centro de atención.

Tiene unas capacidades interpretativas naturales y es capaz de hablar de una forma que despierta el interés y el entusiasmo de los oyentes. Al concentrarse en el día de hoy, a veces pierde de vista los objetivos a largo plazo. Suele tener problemas a la hora de prever las consecuencias de sus actos.

Tendencias naturales del *presentador*:

- Fuente de energía vital: mundo exterior.
- Asimilación de información: sentidos.
- Toma de decisiones: corazón.
- Estilo de vida: espontáneo.

Tipos de personalidad similares:

- *Defensor*
- *Artista*
- *Protector*

Datos estadísticos:

- Los *presentadores* constituyen el 8 -13% de la población.
- Entre los *presentadores* predominan las mujeres (60%).
- El país que se corresponde con el perfil de *presentador* es Brasil.

Código literal:

El código literal universal del *presentador* en las tipologías de personalidad de Jung es ESFP.

Más:

Jarosław Jankowski
Tu tipo de personalidad: Presentador (ESFP)

Protector (ISFJ)

Lema vital: *Me importa tu felicidad.*

Sincero, tierno, modesto, digno de confianza y extraordinariamente leal. Pone en primer lugar a los demás: percibe sus necesidades y desea ayudarles. Práctico, bien organizado y responsable. Paciente, trabajador y perseverante: es capaz de llevar los asuntos hasta el final.

Observa y recuerda los detalles. Valora mucho la tranquilidad, la estabilidad y las relaciones amistosas con los demás. Es capaz de tender puentes entre las personas. Soporta mal los conflictos y la crítica. Tiene un fuerte sentido de la responsabilidad y siempre está dispuesto a ayudar. Los demás suelen aprovecharse de él.

Tendencias naturales del *protector*:

- Fuente de energía vital: mundo interior.
- Asimilación de información: sentidos.
- Toma de decisiones: corazón.
- Estilo de vida: organizado.

Tipos de personalidad similares:

- *Artista*
- *Defensor*
- *Presentador*

Datos estadísticos:

- Los *protectores* constituyen el 8-12% de la población.

- Entre los *protectores* predominan claramente las mujeres (70%).
- El país que se corresponde con el perfil de *protector* es Suecia.

Código literal:

El código literal universal del *protector* en las tipologías de personalidad de Jung es ISFJ.

Más:

Jarosław Jankowski
Tu tipo de personalidad: Protector (ISFJ)

Apéndice

Las cuatro tendencias naturales

1. Fuente de energía vital dominante

   o MUNDO EXTERIOR
     Personas que obtienen energía del
     exterior, que necesitan actividad y
     contacto con los demás. Soportan
     mal la soledad prolongada.

   o MUNDO INTERIOR
     Personas que obtienen energía del
     mundo interior, que necesitan
     silencio y soledad. Se sienten
     agotados cuando están mucho
     tiempo en medio de un grupo.

2. Forma dominante de asimilación de la información

- o SENTIDOS
  Personas que dependen de los cinco sentidos. Les convencen los hechos y las pruebas. Les gustan los métodos comprobados y las tareas prácticas y concretas. Son realistas y se basan en la experiencia.

- o INTUICIÓN
  Personas que dependen de un sexto sentido, que se guían por los presentimientos. Les gustan las soluciones innovadoras y los problemas de índole teórica. Se caracterizan por su enfoque creativo de las tareas y por su capacidad de previsión.

3. Forma de toma de decisiones dominante

- o RAZÓN
  Personas que se guían por la lógica y los principios objetivos. Críticos y directos a la hora de expresar sus opiniones.

- o CORAZÓN
  Personas que se guían por los sentimientos y los valores. Anhelan

la armonía y necesitan estar bien con
los demás.

4. Estilo de vida dominante

o ORGANIZADO
Personas concienzudas y
organizadas. Valoran el orden, son
personas a quienes les gusta actuar
según un plan.

o ESPONTÁNEO
Personas espontáneas, que valoran la
libertad. Disfrutan del momento y se
encuentran a gusto en situaciones
nuevas.

Porcentaje orientativo de los diferentes tipos de personalidad en la población

Tipo de personalidad:	Porcentaje:
Administrador (ESTJ):	10 – 13%
Animador (ESTP):	6 – 10%
Artista (ISFP):	6 – 9%
Consejero (ENFJ):	3 – 5 %
Defensor (ESFJ):	10 – 13%
Director (ENTJ):	2 – 5%
Entusiasta (ENFP):	5 – 8%
Estratega (INTJ):	1 – 2%
Idealista (INFP):	1 – 4%
Innovador (ENTP):	3 – 5%
Inspector (ISTJ):	6 – 10%

Lógico (INTP):	2 – 3%
Mentor (INFJ):	aprox. 1%
Pragmático (ISTP):	6 – 9%
Presentador (ESFP):	8 – 13%
Protector (ISFJ):	8 – 12%

Porcentaje orientativo de mujeres y hombres entre las personas con un determinado tipo de personalidad

Tipo de personalidad:	Mujere/ hombres:
Administrador (ESTJ):	40% / 60%
Animador (ESTP):	40% / 60%
Artista (ISFP):	60% / 40%
Consejero (ENFJ):	80% / 20%
Defensor (ESFJ):	70% / 30%
Director (ENTJ):	30% / 70%
Entusiasta (ENFP):	60% / 40%
Estratega (INTJ):	20% / 80%
Idealista (INFP):	60% / 40%
Innovador (ENTP):	30% / 70%
Inspector (ISTJ):	40% / 60%
Lógico (INTP):	20% / 80%
Mentor (INFJ):	80% / 20%
Pragmático (ISTP):	40% / 60%
Presentador (ESFP):	60% / 40%
Protector (ISFJ):	70% / 30%

Bibliografía

- Arraj James, *Tracking the Elusive Human, Volume 2: An Advanced Guide to the Typological Worlds of C. G. Jung, W.H. Sheldon, Their Integration, and the Biochemical Typology of the Future*, Inner Growth Books, 1990.

- Arraj Tyra, Arraj James, *Tracking the Elusive Human, Volume 1: A Practical Guide to C.G. Jung's Psychological Types, W.H. Sheldon's Body and Temperament Types and Their Integration*, Inner Growth Books, 1988.

- Berens Linda V., Cooper Sue A., Ernst Linda K., Martin Charles R., Myers Steve, Nardi Dario, Pearman Roger R., Segal Marci, Smith Melissa A., *Quick Guide to the 16 Personality Types in Organizations: Understanding Personality Differences in the Workplace*, Telos Publications, 2002.

- Geier John G., Downey E. Dorothy, *Energetics of Personality*, Aristos Publishing House, 1989.

- Hunsaker Phillip L., Alessandra J. Anthony, *The Art of Managing People*, Simon and Schuster, 1986.

- Jung Carl Gustav, *Tipos psicológicos*, Trotta, 2013.

- Kise Jane A. G., Stark David, Krebs Hirsch Sandra, *LifeKeys: Discover Who You Are*, Bethany House, 2005.

- Kroeger Otto, Thuesen Janet, *Type Talk or How to Determine Your Personality Type and Change Your Life*, Delacorte Press, 1988.

- Lawrence Gordon, *Looking at Type and Learning Styles*, Center for Applications of Psychological Type, 1997.

- Lawrence Gordon, *People Types and Tiger Stripes*, Center for Applications of Psychological Type, 1993.

- Maddi Salvatore R., Personality Theories: *A Comparative Analysis*, Waveland, 2001.

- Martin Charles R., *Looking at Type: The Fundamentals Using Psychological Type To Understand and Appreciate Ourselves and Others*, Center for Applications of Psychological Type, 2001.

- Meier C.A., *Personality: The Individuation Process in the Light of C. G. Jung's Typology*, Daimon Verlag, 2007.

- Pearman Roger R., Albritton Sarah, *I'm Not Crazy, I'm Just Not You: The Real Meaning of the Sixteen Personality Types*, Davies-Black Publishing, 1997.

- Segal Marci, *Creativity and Personality Type: Tools for Understanding and Inspiring the Many Voices of Creativity*, Telos Publications, 2001.

- Sharp Daryl, *Personality Type: Jung's Model of Typology*, Inner City Books, 1987. Spoto Angelo, Jung's Typology in Perspective, Chiron Publications, 1995.

- Tannen Deborah, *Tú no me entiendes*, Círculo de lectores, 1992.

- Thomas Jay C., Segal Daniel L., *Comprehensive Handbook of Personality and Psychopathology*, Personality and Everyday Functioning, Wiley, 2005.

- Thomson Lenore, *Personality Type: An Owner's Manual*, Shambhala, 1998.

- Tieger Paul D., Barron-Tieger Barbara, *Just Your Type: Create the Relationship You've Always Wanted Using the Secrets of Personality Type*, Little, Brown and Company, 2000.

- Von Franz Marie-Louise, Hillman James, *Lectures on Jung's Typology*, Continuum International Publishing Group, 1971.

www.ingramcontent.com/pod-product-compliance
Lightning Source LLC
Chambersburg PA
CBHW031208020426
42333CB00013B/839